Nuestro viaje a la ciudad

La suma

Rann Roberts

Créditos

Dona Herweck Rice, *Gerente de redacción*; Lee Aucoin, *Directora creativa*; Don Tran, *Gerente de diseño y producción*; Sara Johnson, *Editora superior*; Evelyn Garcia, *Editora asociada*; Neri Garcia, *Composición*; Stephanie Reid, *Investigadora de fotos*; Rachelle Cracchiolo, M.A.Ed., *Editora comercial*

Teacher Created Materials

5301 Oceanus Drive
Huntington Beach, CA 92649-1030
http://www.tcmpub.com
ISBN 978-1-4333-2738-4
©2011 Teacher Created Materials, Inc.
Printed in China

Tabla de contenido

¡Vámonos!

¡Íbamos a ir a la ciudad a pasar las vacaciones de primavera! Tuve alguna tarea. Tuve que tomar nota de todas las maneras en las que podría usar la **suma** en mi viaje.

Primero fuimos al aeropuerto. Luego volamos en un avión. ¡El aeropuerto era enorme! Al aterrizar, un autobús de enlace nos llevó hasta el metro. ¡Ya habíamos utilizado 4 tipos de **transporte** diferentes!

El metro es un tren suburbano. Va por debajo de la tierra. Compramos los pasajes. Usamos la suma para saber cuánto costaban.

Precios de los pasajes del metro

Pasaje diario para adulto	$2.00
Pasaje diario para niño	$1.00
Pasaje semanal para niño	$4.00
Pasaje semanal para adulto	$10.00

Exploremos las matemáticas

La familia tuvo que comprar 5 pasajes para el metro. Creyeron que usarían ese medio de transporte durante toda la semana, por lo que compraron los pasajes semanales. Observa los precios. Luego contesta las preguntas.

a. Un pasaje semanal para un adulto cuesta $10. ¿Cuánto costarán 2 pasajes?

b. Un pasaje semanal para un niño cuesta $4. ¿Cuánto costarán 3 pasajes?

c. ¿Cuánto pagó la familia por 2 pasajes semanales para adultos y 3 pasajes semanales para niños?

El metro nos llevó directamente hasta nuestro hotel.

Tomamos una **escalera mecánica**
a la calle. Allí vi automóviles, taxis y
autobuses. Algunas personas caminaban
o andaban en bicicleta.

Había 11 taxis estacionados frente a nuestro hotel. Había 12 taxis fuera de otro hotel a la vuelta de la esquina. Usé la suma para determinar cuántos taxis había en total. Había 23.

$$
\begin{array}{r}
11 \text{ taxis} \\
+\ 12 \text{ taxis} \\
\hline
23 \text{ taxis}
\end{array}
$$

Exploremos la ciudad

Al día siguiente hicimos un recorrido turístico en un autobús de dos pisos. Podíamos bajar en las paradas y podíamos caminar alrededor.

Bajamos del autobús para tomar un **tranvía**. El tranvía es como un autobús que funciona sobre rieles.

xploremos las matemáticas

El recorrido en autobús por la ciudad toma 30 minutos. La familia también se bajó para realizar las otras 3 actividades descritas en la siguiente tabla. ¿Cuántos minutos duró toda la excursión?

recorrido en autobús por la ciudad	30 minutos
viaje de ida y vuelta en tranvía	20 minutos
descanso para comer un perro caliente	15 minutos
parada para tomar fotografías	10 minutos

Almorzamos en el **muelle**. Usamos la suma para contar los barcos que pasaban.

Vimos 12 barcos pesqueros. También vimos 15 veleros. Esto significa que había 27 barcos navegando mientras comíamos el almuerzo.

12 barcos
+ 15 barcos
27 barcos

Tomamos un transbordador para hacer nuestra siguiente excursión. Fuimos a una isla pequeña. Queríamos conocer toda la isla, así que alquilamos bicicletas.

¡Recorrimos en bicicleta un sendero de 8 millas! Pudimos observar la ciudad y el océano desde lo alto de una colina en la isla.

Cuesta $12.00 cada hora para alquilar bicicletas. Observa la siguiente tabla. Luego contesta las preguntas.

	Costo por 1 hora	Costo por 2 horas	Costo por 3 horas	Costo por 4 horas
Bicicleta de mamá	$12	$24	$36	$48
Bicicleta de papá	$12	$24	$36	$48
Bicicleta de María	$12	$24	$36	$48
Bicicleta de Robert	$12	$24	$36	$48
Bicicleta de Miguel	$12	$24	$36	$48
Costo total	?	?	?	?

a. ¿Cuánto cuesta por 1 hora para alquilar todas las bicicletas?

b. ¿Cuánto cuesta por 3 horas para alquilar todas las bicicletas?

c. Alquilaron las bicicletas a la 1 del mediodía y las devolvieron a las 3 de la tarde. ¿Durante cuánto tiempo las usaron?

d. ¿Cuánto pagaron por alquilar las bicicletas?

15

El parque de la ciudad

Regresamos a la ciudad en el transbordador. Cerca del muelle había un gran parque.

Allí alimentamos a las palomas.
¡Muchas palomas se acercaron cuando
tiré las migas de lo que sobró de mi
sándwich!

Exploremos las matemáticas

Había 15 palomas en el suelo. Cuando
Miguel comenzó a alimentarlas,
llegaron 19 palomas más en busca
de comida. ¿Cuántas había en total
alrededor de Miguel?

Las palomas no eran los únicos animales en el parque. También vi un caballo. Un hombre conducía un carruaje tirado por un caballo.

Dimos un paseo en carruaje alrededor del parque. Esperamos 15 minutos en fila. El paseo duró 20 minutos. Sumé. Fueron 35 minutos en total.

$$\begin{array}{r} 15 \text{ minutos} \\ +20 \text{ minutos} \\ \hline 35 \text{ minutos} \end{array}$$

Las últimas excursiones

Luego salimos a navegar. Robert y yo tuvimos la oportunidad de ayudar a izar las velas. Un crucero estaba llegando al **puerto**. ¡Un crucero es un hotel grande flotante!

María contó a 32 personas en la cubierta superior del crucero. Robert contó 19 en la cubierta del medio. Yo conté 26 en la cubierta inferior. ¡Vimos a 77 personas en total!

$$\begin{array}{r} 32 \text{ personas} \\ 19 \text{ personas} \\ +26 \text{ personas} \\ \hline 77 \text{ personas} \end{array}$$

Nuestra siguiente excursión fue la mejor de todas. ¡Viajamos en helicóptero! Usamos auriculares para poder escuchar al piloto.

Desde el aire, observamos todos los medios de transporte en los que habíamos viajado. ¡Todo parecía tan pequeño!

El último día usamos nuestro propio medio de transporte. ¡Las piernas! Paseamos y compramos recuerdos.

973989

Tienda de recuerdos

CUSTOMER'S ORDER NO.				DATE		
NAME						
ADDRESS						
CITY, STATE, ZIP						
SOLD BY	CASH	C.O.D.	CHARGE	ON ACCT.	MDSE. RETD.	PAID OUT

	QUAN.	DESCRIPTION	PRICE	AMOUNT
1	5	camisetas		$50.00
2	1	estatua de tranvía		$10.00
3	5	postales		$5.00
4		Total adeudado		????
5				
6				

Exploremos las matemáticas

Observa el recibo de compra. ¿Cuánto dinero gastó la familia en recuerdos?

El resto del día trabajé en mi tarea. Hice una lista de todas las maneras en las que usé la suma en este viaje. Luego debimos empacar. Tuvimos que tomar un vuelo nocturno de regreso a casa.

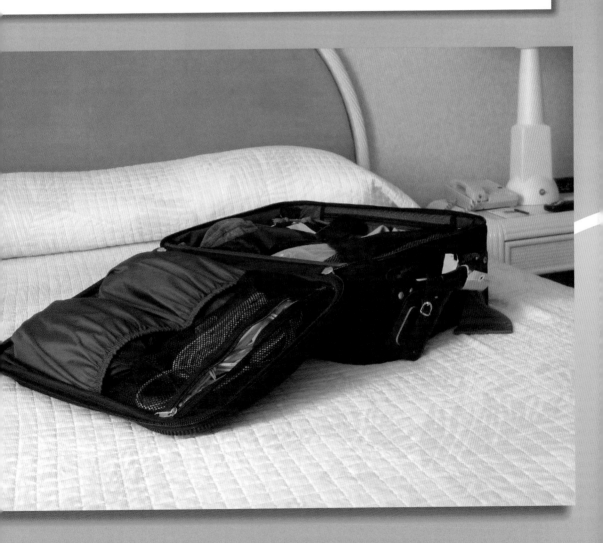

Cuando salimos del hotel ya estaba oscuro afuera. Sin embargo, tuvimos una última sorpresa. ¡Una limusina nos estaba esperando!

En poco tiempo estábamos en el avión.
Dormí durante todo el viaje de regreso.
¿Adivina qué soñé? Soñé con metros,
aviones y barcos.

ploremos las matemáticas

Algunos aviones tienen 3 cabinas. En la
siguiente tabla se muestra la cantidad de
asientos que tiene cada cabina. Observa la
tabla. Luego contesta las preguntas.

Cabina	Cantidad de asientos
primera clase	12
clase ejecutiva	14
cabina principal	70

a. ¿Cuántos asientos había en total en primera
   clase y en clase ejecutiva?

b. ¿Cuántos asientos había en total en las 3
   cabinas?

c. Los pilotos ocupan 2 asientos. ¿Cuántos
   asientos hay en total en el avión?

Colecciones de transportes

Marco, Juan y Chris son amigos. Les gusta coleccionar diferentes tipos de vehículos de transporte, y cada uno tiene su colección de automóviles, trenes y aviones a escala. Deciden encontrarse este sábado en la casa de Juan para jugar e intercambiar vehículos. Usa la siguiente tabla para contestar las preguntas.

Nombres	Automóviles a escala	Trenes a escala	Aviones a escala
Marco	45	11	20
Juan	21	10	32
Chris	33	14	13

¡Resuélvelo!

a. ¿Cuántos automóviles a escala tienen en total?

b. ¿Cuántos trenes a escala tienen en total?

c. ¿Cuántos aviones a escala tienen en total?

d. ¿Qué tipo de vehículo prefieren? ¿Cómo lo sabes?

e. ¿Cuál es el tipo de vehículo que menos les gusta? ¿Cómo lo sabes?

Sigue estos pasos para resolver el problema.

Paso 1: Suma la cantidad de automóviles que tiene cada niño.

Paso 2: Suma la cantidad de trenes que tiene cada niño.

Paso 3: Suma la cantidad de aviones que tiene cada niño.

Paso 4: Observa los totales para ver qué tipo de vehículo tiene el total más alto.

Paso 5: Observa los totales para determinar cuál es el tipo de vehículo que tiene el total más bajo.

Glosario

cabinas—sectores dentro de un avión donde se pueden sentar los pasajeros

escalera mecánica—escalera móvil

muelle—un logar donde se amarran los barcos

puerto—lugar donde los barcos pueden cargar y descargar cosas o personas

suma—proceso de unir 2 o más números para obtener 1 número que se llama el total

transporte—sistema para trasladar personas y objetos

tranvía—clase de autobús que utiliza rieles y electricidad para trasladarse

Índice

Exploremos las matemáticas

Página 6:
a. $20.00
b. $12.00
c. $32.00

Página 11:
75 minutos

Página 15:
a. $60.00
b. $180.00
c. 2 horas
d. $120.00

Página 17:
34 palomas

Página 24:
$65.00

Página 27:
a. 26 asientos
b. 96 asientos
c. 98 asientos

Resuelve el problema

a. 99 automóviles
b. 35 trenes
c. 65 aviones
d. Prefieren los automóviles. Las respuestas pueden variar.
e. Les gusta menos los trenes. Las respuestas pueden variar.